Congrès Sociologique International

(TURIN 9 - 15 OCTOBRE 1921)

Organisé par l'Institut de Sociologie

UNIVERSITÉ TURIN

L'Institut de Sociologie, bien qu'organisé à l'Université, où il a son siège, et avec le concours d'éminents professeurs de l'Université, est un institut complètement autonome. L'Université comme institut officiel, n'a par conséquent, dans l'organisation du Congrès, aucune ingérence.

L'Institut de Sociologie devant publier dans le vol. des Actes les noms de qui s'est inscrit régulièrement au Congrès prie qui à donné son adhésion d'envoyer aussi sa cotisation (art. 2 du Règlement du Congrès) qui permettra de recevoir le Vol. des Actes.

COMITÉ D'HONNEUR

PRÉSIDENT : S. E. Paolo BOSELLI, ancien Président du Conseil.

Comm. Prof. Cattaneo, Syndic de Turin - Gr. Uff. Taddei, Préfet de la prov. de Turin - S. E. Giordani, Sénateur, Premier Président de la Cour de Cassation - Prof. Parona, Recteur de l'Université - Comme Bocca, Président de la Chambre de Commerce.

De l'Université : Prof. Brondi - Dusi - Einaudi, Sénateur - Loria, Sénateur - S. E. Mosca, Sénateur - S. E. Ruffini, Sénateur, ancien Ministre de l'Instruction - Segre de la Faculté de droit — le Prof. Vidari, ancien Recteur, dt. la Faculté de philosophie — les prof. Allaria-Foà, Sénateur, de la Faculté de Médecine.

Les Sénateurs: Bonino - S. E. le marquis Di Saluzzo, ancien sous-Secrétaire d'Etat - Comte Rebaudengo, Président de la « Marittima Italiana » - Rizzetti - Comte T. Rossi, ancien syndic de Turin.

Les Députés : Alice - S. E. Bevione, Sous-Secrétaire d'Etat - Bianchi - Devecchi - S. E. Facta, ancien Ministre des Finances - Fino - Gray - Imberti - Marconcini - Mazzini - Olivetti - S. E. Peano, ancien Ministre des Travaux Publics - Pivano - Quilico - S. E. Rossi C., ancien Sous-Secrétaire d'Etat - S. E. Rossini, Sous-Secrétaire d'Etat - S. E. Soleri, Ministre des Finances - Villabruna - Zaccone.

Journalistes : Avv. Antonioni, Directeur du « Momento » - Avv. Banzatti et Dr. Prati, Directeurs de la « Stampa » - A. Cipolla et Dr. Pedrazzi, Rédacteurs de la « Gazzetta del Popolo » - Dr. Pestelli, Conseiller-Délégué de l'« Associazione della Stampa Subalpina » - Avv. Bardanzellu, Président du « Sindacato Corrispondenti » - Avv. Finzi, Directeur de l' « Agenzia Stefani ».

Autres personnalités éminentes de Turin et membres émérites de l'Institut de Sociologie : Le Prof. Abello, Directeur de la « Scuola Superiore di Commercio » - le Comm. Agnelli, Industriel - le Comte Barbavara di Gravellona, Président de la « Pro Torino » - M.me Prof. Bernocco Fava Parvis - le Gr. Uff. Corinaldi - le Colonel De Albertis, Président de la « Pro Piemonte » - le Comm. Geisser, Président de la « Cassa di Risparmio » - l' Hon. Giretti, ancien Député - l'Hon. Montù, ancien Député - l'Av. Porro - le Dr. Sacco - le Comm. Prof. Tedeschi, Presiden de l'« Associazione dei liberi Docenti dell'Università ».

RÈGLEMENT DU CONGRÈS

1. — Le Congrès Sociologique International organisé par l'Institut de Sociologie de Turin se réunira à Turin du 9 au 16 octobre 1921.

2. — Chaque membre du Congrès, chaque association ou institut adhérent versera la cotisation de 50 francs de France pour les pays à change plus élevé que l'Italie, (plus fr. 10 pour chaque personne de la même famille) et de 50 lires italiennes pour l'Italie et les pays à change défavorable (L. 10 pour chaque personne de la même famille). La cotisation donne le droit de participer au Congrès et aux réceptions et de recevoir le Vol. des Actes. Les associations et les instituts ont la faculté de se faire représenter par l' un de leurs membres sans nouveau versement.

3. — Chaque congressiste sera inscrit dans celle des cinq Sections du Congrès à laquelle il aura préalablement déclaré vouloir collaborer spécialement. Il sera muni d'une carte d'inscription et d'un insigne reproduisant les traits de J. B. Vico, le précurseur italien de la sociologie.

4. — Dans la séance d' inauguration qui sera ouverte par le Président du Comité d' honneur, on procédera à la constitution de l'office définitif de Présidence du Congrès et à la nomination des Présidents, Vice-présidents et Secrétaires des Sections.

5. — Le Directeur de l' Institut de Sociologie et les 5 secrétaires généraux, désignés par l'Institut pour chaque Section, présenteront au Congrès les rapports et les communications des Membres absents et rédigeront en collaboration avec les secrétaires élus par le Congrès les compte-rendus des séances.

6. — Le Congrès siègera ordinairement deux fois par jour dès 9 h. et dès 14,30 h.

7. — La Présidence du Congrès a la faculté d'apporter des modifications à l' ordre du jour du Congrès ; elle décidera, cas échéant, de la constitution de Sections nouvelles, et

décidera aussi sur tous les incidents et sur toutes les questions non prévus par ce Règlement aussi bien que sur toute divergence d'interprétation.

8. — Les Membres du Congrès pourront faire leurs communications en anglais, en allemand, en espagnol, en français, en italien, sauf à présenter leurs conclusions en français qui est la langue officielle du Congrès. Les rapports et les communications pourront, sur demande de l'Assemblée, être résumés en français.

9. — Les discussions seront dirigées dans les séances plénières par le Président général du Congrès ou par l'un des Présidents de Section; dans les séances de Section par le Président ou le Vice-président de Section.

10. — Les Membres du Congrès ne pourront parler sans avoir demandé la parole au Président qui suivra l'ordre des inscriptions. Ils ne pourront, sans le consentement de l'Assemblée, parler plus de dix minutes consécutives, ni prendre plus de deux fois la parole sur le même argument. Les rapporteurs pourront parler 20 minutes pour exposer leurs relations et dix à la fin de la discussion pour répondre aux observations et aux objections des congressistes. Si l'orateur s'éloigne de l'argument en discussion, le Président pourra lui retirer la parole.

11. — Seuls les Membres du Congrès régulièrement inscrits pourront présenter des mémoires et participer aux discussions. Ils doivent faire parvenir les conclusions de leurs rapports et communications à l'Institut de Sociologie avant le 20 septembre, en y ajoutant, en français, les voeux à soumettre au Congrès.

12. — Les conclusions et les voeux à soumettre à l'approbation du Congrès seront publiés par l'Institut de Sociologie avant le Congrès et distribués aux membres adhérents.

13. — Les communications ne donneront lieu à discussion que sur demande de l'Assemblée.

14. — Chaque Membre peut demander la clôture de la discussion, même s'il y a encore des orateurs inscrits. Si la clôture est délibérée par l'Assemblée, par levée de mains, tous les orateurs inscrits perdent leur droit à la parole, et celle-ci n'est plus accordée que pour le développement des ordres du jour, sur lesquels chaque orateur ne peut parler que cinq minutes.

15. — Le Congrès délibérera par levée de mains ou par appel nominal. L'appel nominal pour l'approbation des conclusion et des voeux du Congrès se fait par groupes nationaux Chaque groupe désignera le représentant qui votera en son nom. L'appel nominal a lieu sur demande d'une Section, ou d'au moins trois groupes nationaux ou sur décision de la Présidence.

16. — L'approbation des propositions se fait à la majorité des voeux exprimés. Toutefois les propositions qui obtiendront le tiers des suffrages auront une mention spéciale dans le procès-verbal.

17. — Un procès-verbal des séances sera dressé par les Secrétaires généraux de l'Institut de Sociologie en collaboration avec les Secrétaires élus par le Congrès. Les Membres qui le désirent pourront, pour plus d'exactitude du compte-rendu, présenter par écrit le résumé de leurs discours aux Secrétaires du Congrès. Les procès-verbaux seront approuvés et signés par le Président qui dirigeait la discussion et par le Secrétaire général.

18. — Dans la séance de clôture le Président invitera l'Assemblée à désigner le siège du II Congrès Sociologique International pour l'année suivante et à nommer sept Membres comme Comité Permanent, chargé de réaliser l'accomplissement des voeux exprimés par le Congrès.

Le Directeur de l'Institut de Sociologie
Prof. Francesco Cosentini
de l'Université

LE PRÉSIDENT DU COMITÉ D'HONNEUR
S. E. Paolo Boselli
Sénateur - Ancien Président du Conseil

Chronique du Congrès

Dimanche 9 octobre: h. 10: Séance d'inauguration au Théâtre Carignano sous la Présidence de S. E. le sénateur **Paolo Boselli,** ancien Président du Conseil. Discours de S. E. Boselli, du Maire de Turin Gr. Uff. Cattaneo, de S. E. Sanna Randaccio, du prof. Cosentini, directeur de l'Institut de Sociologie, du prof. de Halecki, Représentant de la Société des Nations et des Délégués des différentes Nations.

Visite de la Ville.

Lundì 10 Octobre: h. 9 et h. 14,30: Séances des Sections: I et III au siège du Parlement Subalpin (édifice historique d'où sortit l'unité de l'Italie); II et VI dans les Salons de la Chambre de Commerce; V au Cercle des Artistes.

— h. 21: Réception à la Chambre de Commerce. Discours du Gr. Uff. F. Bocca, du prof. Cosentini, des prof. De Halecki, Briantchaninoff, Blondel, de Maday, de M.me Dr. A. Schreiber, députée au Reichstag.

Mardi 11 octobre: h. 9 et h. 14,30: Séance des Section.

— h. 21: Soirée de gala en honneur des Membres du Congrès au Théâtre Balbo: représentation de "La Gioconda„ de Ponchielli.

— h. 21: Concert au Lycée musical G. Verdi.

Mercredi 12 octobre: h. 10: Excursion à Superga. Visite de la Basilique sous la direction de Mons. Bosia. Déjeûner offert par l'Institut de Sociologie.

— h. 15: Visites aux Musées, Galeries, Etablissements industriels.

— h. 21: Concert au Lycée musical G. Verdi.

Jeudi 13 octobre: h. 9 et h. 15: Séances plénières à la Chambre de Commerce.

— h. 12.30 Déjeûner offert par l'Institut de Sociologie aux Délégations étrangères.

— h. 21: Concert Consolo et Serrato au Théâtre Regio.

Vendredi 14 octobre: h. 9 et h. 15: Séance plénières à la Chambre de Commerce.

— h. 21: Concert au Lycée musical G. Verdi.

Samedi 15 octobre: h. 9 et h. 15: Séances plénières et clôture du Congrès.

— h. 19: Dîner offert au Restaurant Molinari de la Gare centrale par le Comité exécutif et par les Membres italiens aux Représentants de la Société des Nations et aux Délégués étrangers.

— h. 21: Concert au Lycée musical G. Verdi.

Dimanche 16 octobre: h. 10: A l'Aula du Parlament Subalpin, conférence de Madame D.r Adèle Schreiber, députée au Reichstag: Le rôle social de la femme dans l'après-guerre.

— h. 21: Concert au Lycée musical G. Verdi.

L' inauguration du Congrès

Extrait des journaux de Turin.

Stamane, alle dieci, con grande concorso di pubblico e di autorità, è stato inaugurato il Congresso sociologico internazionale.

Al tavolo della Presidenza siedono: S. E. Paolo Boselli, S. E. l'on. Sanna-Randaccio, in rappresentanza del Governo, il prefetto sen. Taddei, il sindaco grand'uff. Cattaneo, il rappresentante della Società delle Nazioni, l'insigne storico prof. Halecki, il comm. Martinengo, per la Corte di cassazione, il comm. Regazzoni, per la Procura generale, il generale Dhc, rappresentante il Corpo d'armata, il colonnello Petrucelli, rappresentante il Comando di divisione, il comm. Bocca, presidente della Camera di commercio, il cav. avv. Corinaldi, il prof. Cosentini, direttore dell'Istituto di sociologia, il gr. uff. Vidari dell'Università ed i segretari delle Sezioni prof. Ricca Barberis, Groppali, Longhi e Sacco.

Hanno telegrafato i ministri Soleri e Bevione, S. E. W. Koo Presidente del Consiglio della Società delle Nazioni, S. E. van Karnebeeck, Presidente dell'assemblea della Società delle Nazioni, l'on. Thomas, presidente del Bureau international du travail, annunziando che sarà rappresentato dall'on. Cabrini e dal professore Fleury, la Facoltà giuridica dell'Università di Dorpat (Estonia), il prof. Sturzo, delegando a rappresentanti del partito popolare gli onorevoli Fino e Marconcini.

Partecipano ai lavori del Congresso:

Armenia: S. E. Varandian, ministro d'Armenia a Roma.

Chile: R. Lopez F. Maqueira, console.

Columbia: Gr. Uff. B. Faillace, console.

Czeco-Slovacchia: prof. Lukas, rappresentante il ministro del lavoro.

Francia: signor Barriol, segretario generale della Società di statistica, prof. Blondel, del Collegio di Francia, prof. Corréard, prof. Kergall, dell'istituto internazionale di sociologia, avv. Lemonon, bar. Liégeard.

Georgia: prof. Avaloff, prof. Matchabelli.

Germania: prof. Rathgen, dell'Università di Amburgo, dottor Brahm, rappresentante il ministro tedesco del lavoro, prof. Tjedie, presidente della Società tedesca per la Lega delle Nazioni, signora dr. Schreiber, presidente della Lega per la protezione della madre e deputata al Reichstag.

Gran Bretagna: sir Lancelot Hare, vice-governatore dell'India.

Grecia: S. E. Frangulis, avv. Triantaphyllidès, commendatore Cofinas.

Italia: prof. Groppali, prof. Ricca-Barberis, grand'uff. Corinaldi, on. Cottafavi, sen. prof. Foà, prof. Pagliani, prof. Borgatta, on. Giretti, dott. Sacco, prof. Panunzio, signora Besso, signora Occella, prof. De Magistris, ecc..

Jugoslavia: prof. Nedeljkovic, dell'Università di Belgrado.

Messico: signor Reyes, incaricato di affari.

Olanda: professore Hogeworff, dell'istituto storico, av. Van Schaardemburg.

Polonia: prof. Halecki, dottor Loret, dottor Michalovic, A. Begey, console.

Portogallo: S. E. Leao, ministro plenipotenziario a Roma.

Russia: prof. M. de Taube, dell'Università di Pietrogrado, professore Briantchaninoff, presidente dell'Associazione nazionale per la Lega delle Nazioni, prof. Totomianz, dell'Università di Tiflis.

Siam: Sir. W. Becker, console.

Spagna: prof. Reyes, che rappresenta anche il Messico.

Stati Uniti d'America: prof. Kingsbury, rappresentante la Società americana di sociologia, prof. Longhi, dell'Università di Washington.

Svizzera: Prof. H. Töndury, dell'Univ. di Ginevra, prof. A. de Maday, dell'Univ. di Neuchâtel, R. De Planta, console.

Turchia: prof. Moashliheddine Adil, che rappresenta l'Università di Costantinopoli.

Ungheria: Dott. Heller W..

Molti altri Paesi sono rappresentati dai relativi consoli di Torino: grand'uff. Faillace, console generale della Colombia, delegato dal proprio Governo al Congresso; prof. cav. Ambrussi, vice-console dell'Argentina; cav. Falletti, vice-console del Brasile; signor Lopez Maquieira, console del Cile; barone von Lentz, vice-console di Germania; signor H. E. Slymaker, vice-console della Gran Bretagna; avvocato Begey, console della Polonia; conte comm. Rosa di San Marco, console di San Marino; signor Berrimann, vice-console degli Stati Uniti.

Discorso Boselli.

Il primo a parlare è l'on. Boselli.
Accolto con grandi applausi egli dice:

Il saluto che io rivolgo al Congresso è una affermazione di fede nei destini progredienti delle umane società: questa fede qui ci raccolse, questa fede animerà il nostro Congresso.

Vi sono soste e deviazioni nella storia: ma nella somma dei tempi e degli avvenimenti il pensiero scientifico ascende e l'operosità civile dei popoli procede nelle vie la cui metà è la pubblica felicità.

Il progresso delle umane genti non è pieno e duraturo se non emana dall'universalità intellettuale, dal volere concorde e dalle istituzioni fondamentalmente conformi di tutte le nazioni civili: dico la conformità dei principî che s'atteggiano nell'effettuazione alla singolarità delle circostanze.

Nelle idee o nelle esperienze della Sociologia occorre fare opera di revisione, di complemento, di rinnovamento.

La immane guerra, che testè corse funesta in tanta parte del mondo, turbò le menti, distrusse troppa ricchezza del lavoro e dell'ingegno umano, generò sventure lungamente doloranti, seminò rovine non facili a ripararsi: nè ancora la pace è saldamente incoronata.

Ma dopo le grandi crisi e a periodi più brevi quanto più la civiltà umana s'avanza, avvengono nella vita dei popoli le grandi evoluzioni. Scompare l'Impero romano e la civiltà cristiana luce nei cieli e porta riscatto sociale sulla terra: cade la Monarchia divisata universale da Carlo V° e, dopo un tratto di oscuri silenzi, sovviene l'età delle riforme, é la libera America e la Rivoluzione francese creano i tempi nuovi! e nel secolo stesso in cui l'Impero Napoleonico, opera ad un tempo di conquista e di riscossa, va infranto, si innalza trionfante il diritto delle Nazioni. Ed ora, dopo la tragedia desolatrice che tutto commosse e sconvolse, noi confidiamo d'inoltrarci, o Signori, nel momento delle ricostruzioni rinnovatrici che dal dominio delle idee e dal consiglio degli uomini esperti si trasmettono autorevolmente nel campo dell'azione.

Voi siete chiamati a far opera che illumini o promuova, opera urgente perchè deve spronare a che si suggelli una pace definitiva la quale riconduca i popoli alle prove ben ragionate, sicure e feconde di ogni civile e produttrice attività e ristabilisca l'equilibrio nel costo della vita, nel corso dei cambi e nelle contrattazioni commerciali.

Purtroppo non si è instaurato finora un ordine giuridico da tutti riconosciuto che tolga alla guerra l'uso delle armi spietate, odiose, insidiose. Purtroppo l'arbitrato inteso ad evitare i conflitti sanguinosi, primamente accolto in Inghilterra e in Italia, incontrò all'Aja funesti dissensi. La sanità della Convenzione di Ginevra rese meno atroce la guerra e per taluni riguardi giovò la Convenzione dell'Aja, ma ristrettamente e di tal guida che, per conseguire gl'intenti cui essa mira, l'argomento deve essere appieno riconsiderato ed integrato.

La scienza sanitaria, congiunta all'opera consolatrice delle pietose crociate, seppe recar nuovi modi di cura e di rinfrancamento a sollievo dei feriti e dei mutilati; ma è appena iniziata l'opera di difesa sociale contro le malattie che la guerra aggrava o propaga.

Dal tremendo conflitto originò la Lega delle Nazioni, antico vaticinio di Giuseppe Mazzini, intendimento costante di Francesco Crispi e se la sua costituzione sarà validamente assicurata, se la sua missione sarà vigorosamente esercitata e la sua autorità lealmente riconosciuta, comincierà da essa un'era nuova nella vita internazionale.

Per vero, se nelle ampie regioni della Sociologia molti sono i rinnovamenti da iniziare o propugnare, non mancarono in essa, ai tempi nostri, notabili progressi. Valgono ad esempio:

l'obbligo militare trasfuso sostanzialmente nelle istituzioni di tutto il popolo armato, che significano ad un tempo forza di indipendenza nazionale e garanzia di pace internazionale; il diritto della famiglia reso più equo per le facoltà accresciute alla donna e per le pareggiate ragioni delle legittime ereditarie; l'uso della proprietà meglio uniformato al beneficio comune; l'economia politica riformata specialmente per la distribuzione della ricchezza; l'arbitrio del salario frenato dal contratto di lavoro che non esclude la legge economica e contrasta al sopraffare dell'uno contro gli altri fattori della produzione; l'igiene e l'umanità delle industrie salvaguardate mercè la protezione delle lavoratrici e dei fanciulli; gli emigranti protetti contro le trame degli accaparratori e le ingordigie dei vettori; le assicurazioni, le previdenze, il credito, le consociazioni estese così che non falliscano i mezzi al lavoro e i ripari all'infortunio e al bisogno; la condizione della donna elevata nell'esercizio dei diritti e delle funzioni politiche, anche colà dove l'indice statistico le preconizza una prevalente influenza nei pubblici andamenti.

Di molti altri progressi che uopo è disegnare e recare ad effetto direte Voi che sapienti siete e periti: e mi rivolgo segnatamente a Voi che rappresentate l'intelletto e l'opera di altre Nazioni; a Voi che tanto ci è grato veder riuniti nel dirimpetto di quell'aula dove la primogenita Camera dei Deputati dell'Italia risorgente deliberò la libertà internazionale degli scambi, strinse ardimentosamente coll'Inghilterra, colla Francia e colla Turchia la faticosa alleanza che si cementò nelle vittorie della Crimea; dove s'intese il Conte di Cavour, tornato dal Congresso di Parigi, preannunziare l'alleanza che rifulse a Magenta e a Solferino.

Nelle ricerche che s'attengono alla nostra storia, vanno rilevate le ardite istituzioni che sperimentarono le democrazie della Repubblica fiorentina e le vicende sociali ed economiche del Mezzogiorno feudale.

Nell'ordine del pensiero gli scrittori italiani precorsero i tempi rispetto agli intenti della moderna Sociologia. In questa città Giovanni Botero, precursore nella scienza statistica, poggiò la Ragione di Stato sopra indagini ed osservazioni essenzialmente sociologiche. Gli economisti italiani, così nella tradizione napoletana, da Antonio Genovesi, primo professore di economia politica in Italia, ad Antonio Scialoja, primo professore di economia politica in Torino, come nella tradizione lombarda del Beccaria e dei Verri, temperarono sempre la scienza della ricchezza col sentimento e coi principî della giustizia, dell'equità, dell'armonia sociale. Tutta l'opera giuridica ed economica di Gian Domenico Romagnosi è documento di dottrina sociologica. Anche la scuola della più schietta e intiera libertà economica, da Sallustio Bandini a Francesco Ferrara, che ne è durevole vanto, ebbe sempre senso e concetto di redenzione sociale. E dai pensatori e dagli statisti del nostro Risorgimento, da Mazzini, da Gioberti (specie dal Gioberti del Rinnovamento), da Cavour, scrittore e ministro, apparve luminosamente personificata quella sociologia che in sè contiene la politica consapevole di tutti i diritti sociali e l'economia pubblica indirizzata a prevedere e provvedere per il migliore avvaloramento di tutte le sociali energie.

Al saluto inaugurale ch'io reco al Congresso aggiungo un voto che ne manifesta lo spirito informatore e mira all'avvenire: il voto che compiutamente si stringa e duri nei cuori e nelle opere la umana fratellanza. Può oggi parer questa una poetica fantasia; ma, non ostanti le contraddizioni dei fatti in mezzo ai quali viviamo, tutto sospinge all'avvento d'una benefica realtà: i mezzi di comunicazione prodigiosamente moltiplicati: l'estensione rapida e la trasformazione continua dei fenomeni economici sia rispetto al capitale, sia rispetto al lavoro: l'avvalorarsi degl'istituti giuridici internazionali: l'elevazione di tutti i ceti sociali nell'indirizzo e nelle decisioni del potere politico: e l'intrecciarsi nel mondo delle scoperte scientifiche come in una sola patria e l'intimo senso di tutte le letterature moderne. Tale è il corso segnato da Dio e dalla missione storica alla civiltà delle nazioni, la quale s'appresta ad entrare in una nuova successione di secoli migliori.

E in quest'anno di celebrazione dantesca, cui nobilmente parteciparono tutte le nazioni qui rappresentate, io chieggo al pensiero politico del Sommo Vate la visione dei secoli migliori. Dante Alighieri ricercando « quid sit finis totius humanae civilitatis » rispondeva per i suoi tempi, per tutti i tempi « in ultimum finem, omnia nostra opera ordinantur, quod est pax universalis ».

Discorso del Sindaco Gr. Uff. Cattaneo.

Il Sindaco di Torino avv. Cattaneo reca il saluto dell'Amministrazione comunale e della popolazione torinese a tutti i convenuti specialmente alle personalità estere. Dice che Torino che fu in Italia l'antesignana della lotta per tutte le libertà, si compiace di esser stata scelta a sede del Congresso al quale egli porge i migliori auguri di proficuo lavoro e di utili risultati.

Discorso di S. E. Sanna Randaccio.

Il sottosegretario on. Sanna-Randaccio esordisce leggendo la cordialissima, augurale risposta che il Presidente del Consiglio on. Bonomi mandò al Comitato ordinatore che l'aveva invitato al Congresso. Fa un rapido esame dei temi posti all'ordine del giorno dell'importante assise e ne illustra la portata politica e sociale. Dice che è tutto uno schema di energetica sociale che il Governo seguirà col massimo interesse. « Il mondo — soggiunge — è travagliato da una crisi non soltanto materiale ma anche di animi e di spiriti che questi Convegni internazionali gioveranno a dissipare. Si dichiara lieto che il destino abbia voluto che a portare l'adesione, il saluto e l'augurio del Governo fosse proprio un figlio di quella Sardegna la quale appunto duecento anni addietro coll'annessione al forte invitto Piemonte potè salvarsi dalla sovrapposizione di civiltà straniere. Termina manifestando l'augurio di giorni felici per il Paese e di tempi migliori per l'umanità » *(grandi applausi).*

Discorso del prof. Cosentini.

Eccellenze, Signori,

Cerca, misera, intorno dalle prode
le tue marine, e poi ti guarda in seno.
se alcuna parte in te di pace gode!

Quest'apostrofe che il divin poeta lanciava all'Italia del suo tempo si adatta anche all'Europa dei nostri giorni. Nessuna plaga del vecchio continente può dirsi tranquilla. La guerra è stata come un grande uragano devastatore, che ha lasciati dietro di sè profondi sommovimenti Mentre non ha ancora ristabilita la calma nell'ordine internazionale, ha acuite le asprezze della lotta nell'ordine sociale, ha aggravati i dislivelli politici ed economici soprattutto nell'intima compagine di ogni paese, onde potrebbe tuttodì prorompere opportuna l'amara rampogna del nostro poeta universale:

La gente nuova e i subiti guadagni
hanno dal mondo ogni virtù sbandita!

Tutti cerchiamo una via d'uscita da questa crisi profonda spirituale e materiale, e siamo persuasi che la salvezza non può venire dagli sforzi isolati delle singole Nazioni, ma dalle forze associate di tutti i popoli. L'umanità ha sempre, dopo i gravi periodi di perturbamento bellico, come per un processo dialettico, elaborate le euritmie della pace e della concordia, ha compreso che non dalla lotta fratricida infeconda, ma dalla simbiosi, dalla solidarietà può ripetere il suo progresso, il suo benessere.

È così complessa e intricata la struttura politica ed economica della società moderna, che il turbamento di una parte fa sentire immediatamente i suoi contraccolpi sull'altra. Il danno e la miseria degli uni è anche il danno e la miseria degli altri. Non più: « Mors tua, vita mea » ma « Mors tua, mors mea ». L'autarchia aristotelica, la sufficienza di sè è per gli Stati moderni un sogno irraggiungibile; la formola del « sacro egoismo » è per i popoli non soltanto una formola antisolidale, ma anche una formola antinazionale.

E l'Italia ha compreso ben presto questa esigenza: Governo e Popolo sono all'unisono su questo punto: dall'estrema nazionalista all'estrema socialista tutte le frazioni politiche hanno sospinto a stringere la mano agli avversari dell'ieri, a stimolarne la collaborazione, a rialzarne le sorti. L'Italia in ciò obbedisce al monito del suo grande e mite poeta nazionale:

Ripassin l'Alpe e tornerem fratelli!

A questa esigenza di solidarietà e di fratellanza, la Scienza non può e non deve rimanere indifferente; poichè noi non comprendiamo una scienza che si isola dalla vita, ravvolta nei suoi paludamenti accademici e irretita nelle sue investigazioni archeologiche; ma amiamo e vogliamo una scienza che si svolga nella vita e per la vita.

L' Istituto di Sociologia, che tale impronta ha voluto dare a tutta la sua attività, tale impronta ha voluto conferire anche al programma di questo Congresso.

Rafforzare ed integrare nei suoi ordinamenti costituzionali e nella sua attività il supremo organismo internazionale, sorto dopo la guerra, la Società delle Nazioni, che, malgrado le sue imperfezioni, dovute alle circostanze in cui è sorta, ha in se stessa i germi del suo perfezionamento e del suo grande avvenire; affermare nel campo economico la formola del solidarismo, che è l'antecedente logico dello stesso liberismo, perchè la libertà è una forza utile solo a chi è capace di farla valere e si risolve spesso nell'ordine sociale come nell'ordine internazionale, nella vittoria del più forte non per propria virtù ma per i privilegi di cui è già erede; delineare le basi del nuovo ordinamento dell' Esercito, rispondente alle nuove esigenze della democrazia, giacchè il problema del disarmo, impostato nella prossima conferenza di Washington prima di essere un problema di ordine internazionale è un problema di ordinamento interno; provvedere alle sorti migliori di chi tutto sacrificò sull'altare della Patria e vuol dare al rinnovamento civile del Paese tutte le mirabili energie che spiegò sui campi di battaglia; dare impulso al nuovo diritto internazionale del lavoro, assicurando alle classi lavoratrici, che sono la forza perenne e vitale di ogni Nazione, quelle garanzie che ne tutelino la decorosa esistenza anche in terra straniera; conferire alla donna tutte quelle facoltà giuridiche che la rendano atta a compiere la sua alta missione sociale per cui già si sente matura; stabilire gli accordi preliminari per un più intimo ed intenso scambio di relazioni culturali tra i popoli, per assurgere allo spirito universale che non distrugga ma armonizzi le tendenze nazionali del pensiero; avvisare ai mezzi del perfezionamento della specie, secondo i dettami dell'eugenica, mitigando i danni gravi che la guerra ha apportato anche nel campo biologico: ecco tutto il vasto e complesso programma del presente Congresso, che fa convergere verso un'unica meta cinque ordini di discipline.

E ci compiacciamo che a questa solenne assise internazionale partecipino personalità di diversa tendenza politica e dottrinale: ciò renderà certo più animate le discussioni, che si manterranno sempre serene come si addice a persone animate dal culto della scienza e devote all'ideale della solidarietà umana.

Ci compiacciamo di vedere qui tra noi la rappresentanza ufficiale della Società delle Nazioni, cui dò, a nome dell'Istituto di Sociologia e del Comitato Esecutivo il più fervido saluto. Essa è venuta a prendere contatto colla pubblica opinione, ad ascoltare la voce dei popoli, e noi ci auguriamo che in virtù di tali frequenti comunioni spirituali il nuovo organismo internazionale riesca a rafforzare i sui ordinamenti costituzionali ed a rafforzare soprattutto la sua autorità spirituale per compiere più agevolmente nel mondo la sua missione di pace e di giustizia.

Siamo altresì lieti di vedere per la prima volta dopo la guerra accanto alla numerosa Delegazione Francese, che non è rimasta indifferente al nostro appello di solidarietà; — per prima accolto benignamente da un illustre filosofo ed apostolo del solidarismo, Leone Bourgeois, degno rappresentante della nazione che più volte nella storia si rese interprete dello spirito universale — accanto alla Delegazione della Gran Brettagna, in cui si rinnova l'antico spirito romano, conciliante nel suo vasto organismo che è già di per sè una vera Società delle Nazioni, in cui l'autonomia delle parti si disposa all'armonia dell'insieme, — vi siano i rappresentanti della Germania che abbiamo sempre considerata come la grande e mirabile organizzatrice della Scienza e del Lavoro. Ma la Scienza ed il Lavoro debbono essere strumento di pace e non di contesa e di oppressione. Ed io formulo l'augurio che la nuova Germania rafforzata nei suoi ordinamenti democratici, che sono stati leva di ascensione per la gloriosa Repubblica Francese, possa divenire nel centro dell' Europa un valido elemento di pace e di coesione internazionale.

Saluto i rappresentanti della nobile Nazione Americana, la prima a lanciare dopo la guerra l'appello della solidarietà, con la piena fiducia che essa non vorrà rimanere nel suo sdegnoso isolamento, come ritratta nella tenda d'Achille, ma vorrà partecipare attivamente ai lavori della Comunione Internazionale.

Saluto i rappresentanti della Russia che manda qui al Congresso la sua élite intellettuale, esule dalla Patria, ove sotto le parvenze del più radicale regime di solidarietà si cela una rinnovata tirannide individualista, ed auguro prossimo il termine della loro odissea per contribuire a quella elevazione spirituale e materiale del popolo russo, cui prima condizione è l'associazione di sforzi tra lavoratori del braccio e quelli dell' intelletto ; saluto i rappresentanti delle Nazioni che a torto si dicono minori, mentre spesso grandeggiano per la loro altezza morale e sono fecondi laboratori di esperienze sociali.

Ci auguriamo che dai nostri lavori in questo Congresso possano germinare non solo nuove idee e principj, ma anche un programma di azione, poichè non basta proclamare la solidarietà, il difficile è realizzarla.

Essa è legge di vita : dirà il nostro Kergall ; ma è una legge che si attua col concorso della nostra volontà, poichè non bisogna dimenticare l'aforisma del nostro G. B. Vico, che abbiamo messo sulla nostra insegna : « il mondo umano è fatto dagli uomini ».

Il nostro poeta nel suo canto dell'amore affermava

« noi troppo odiammo e sofferimmo »

e si potrebbe parafrasare « noi troppo soffrimmo perchè troppo odiammo ». Parta da questo Congresso l'affettuoso grido dell'amore e della fratellanza, premonitore ai popoli di una nuova era di giustizia sociale ed internazionale *(applaudissements)*.

M. le prof. Dr. Oscar de Halecki, délégué par le Secrétariat de la Société des Nations.

Remercie l'Institut d'avoir invité la Société des Nations à participer au Congrès. Il fait remarquer que ses cinq sections correspondent aux différents domaines de l'activité de la Société, dont il résume les travaux accomplis par la deuxième Assemblée. Le Congrès s'occupera donc des mêmes problèmes, mais à un autre point de vue : à celui de la science sociologique dont une partie peut être considérée, pour ainsi dire, comme philosophie de la Société des Nations. Réuni dans la patrie de Vico le Congrès envisagera les problèmes sociaux dans l'esprit de la solidarité humaine. Mais, comme le prouvent plusieurs des résolutions proposées, il a mis encore au-dessus de la coopération et du droit, la charité internationale, la force de l'amour célébrée par Dante dont à cette occasion il faut rappeler l'anniversaire. L' orateur termine en exprimant ses voeux pour le succès du Congrès. Il espère que les résultats théoriques contribueront à relever la morale internationale ; il souhaite le succès non seulement aux membres du Congrès, mais aussi à la ville hospitalière de Turin, au génie de la pensée italienne et à tous les pays représentés dans un même esprit de bonne volonté.

Prof. Rathgen, de l'Université de Hamburg.

Im Namen meiner deutschen Landsleute bringe ich dem Kongresse die besten Wuensche. Wie gern wir in Deutschland Ihrer Einladung gefolgt sind, moegen Sie daraus ersehen, dass das Arbeitsministerium des deutschen Reiches einen amtlichen Vertreter, Herrn Dr Brahn, entsandt hat. Wir danken den ruehrigen Organisatoren dieses Kongresses fuer ihre hingebende Arbeit. Wir danken ganz besonders Herrn Prof. : Cosentini fuer die sympathische Begruessung der deutschen vertreter. Ich kann Ihnen die Versicherung geben, dass seine Worte in unserer deutschen demokratischen Republik ein lebhafter Echo finden werden. Moege von dieser vornehmen Stadt, von der die Einigung Italiens ausgegangen ist, auch ein Ausgang gesucht sein, fuer die Einigung der Geister Europas und der ganzen civilisierten Welt.

Le prof. **Blondel,** du Collège de France, représentant du *Musée social* de Paris, salue le Congrès au nom des Congressistes français en assurant que les représentants de la Délégation française seront animés d' un esprit égal d' objectivité dans l' examen des problèmes mis à l'ordre du jour ; il rappelle les liens de fraternité entre les deux Nations soeurs, et exalte le génie latin qui vise aussi à l'universalité et à la solidarité.

Prof. Lukas, Représentant le Ministère de la Prévoyance Sociale - Praga.

Mesdames et Messieurs,

Veuillez permettre au représentant du ministère de la Prévoyance sociale de la République tchéco-slovaque de prendre aussi la parole à l'occasion de ce Congrès.

Le ministère de la Pr. soc. de cette République, de l'un des deux Etats qui reprirent leur origine de l'inévitable conséquence de la guerre mondiale, est bien heureux d'être représenté au Congrès sociologique international. Car sur le programme de ce Congrès, spécialement sur le programme de la IV Section, se trouvent beaucoup de questions qui appellent un vif intérêt dans les coeurs de tous les ressortissants de la République.

La nation tchèque encore politiquement *dépendante* était au fond démocratique, libérale et vraiment sociale. Il ne pouvait en être autrement, la nation ayant gardé le souvenir de ses ancêtres *indépendants* dans leur temps. Comme en ce temps-là, le peuple tchéco-slovaque est pour la liberté, l'égalité, la fraternité, les trois idées qui trouvent une première place dans la vie sociale moderne. Tous les éléments-gérants du ministère et de même, du gouvernement suivront avec un vrai plaisir les conclusions du Congrès et ne tarderont point à les faire fructifier pour le bien de tous les habitants de la République tchéco-slovaque.

Au nom de mon ministère je souhaite au Congrès succès complet et dans ce but je fais entendre aussi en Italie notre salut bien connu « Na Zdar ».

Le prof. **Nedeljkovic** de l'Université de Subotica (Belgrade) rappelle les liens de reconnaissance de son pays envers l'Italie et formule le voeu que les représentants de la science convenus à Turin de tous les pays puissent aboutir à des résolutions profitables à la paix internationale.

Prof. Moaslihedddine Adil.

Mesdames, Messieurs,

Tout en rendant pleinement hommage au sentiment d'humanité qui inspire l'organisation d'un congrès international, je viens exprimer, au nom de l'Université de Constantinople, le souhait, qu'il puisse vivifier dans les peuples la conscience, la foi et la solidarité internationale.

Pour compenser les sacrifices immenses que tous les peuples ont fait, pendant la guerre, il est hors de doute, que le monde entier applaudirait à une solution susceptible d'empêcher toute guerre future. De plus, les horreurs de la guerre font un devoir moral à toute nation de ne rien négliger pour assurer une paix durable.

Pour arriver à ce but, non seulement une réforme du droit des gens, mais une collaboration étroite entre les intellectuels de tous les pays civilisés, s'impose afin que l'idée de la solidarité, de la fraternité et de la justice acquière plus de force dans les relations internationales.

Le problème d'une paix durable est trop compliqué pour qu'on puisse se contenter d'en chercher la solution dans une seule réforme de droit international.

Pour assurer la paix d'une façon sérieuse, il faudra tout d'abord provoquer une discussion scientifique sur les problèmes écomico-sociaux les plus essentiels, avec la collaboration de savants et d'hommes politiques.

Ceux-ci, dans tous les pays, ont leurs places marquées dans une revue de causes qui concourent à former et à modifier une société tout entière. Ils constituent une institution sociale, et sont dans toutes les classes les plus puissants éléments. Il forment facilement les opinions publiques, et assurent les avantages utiles pour les organisations politiques de leur pays.

Les savants et les hommes politiques sont à la fois les éducateurs de la nation et les juges des évènements. L'honneur et la responsabilité de ces éléments devrait être aussi grands l'un que l'autre.

L'Institut de Sociologie de Turin, appréciant la question et faisant appel aux savants et aux hommes politiques de toutes tendances fait briller tout les cercles sociologiques et politiques, et a mis un pas en avant sur le chemin de la paix et de la vérité.

Ainsi donc, il ne me reste plus qu'à rendre hommage aux très illustres organisateurs du susdit Congrès.

S. E. Varandian, ministre d'Arménie à Rome fait une émouvante évocation des souffrances de la terre natale et formule le voeu que le Congrès, dans sa mission de solidarité, n'oublie pas les peuples du proche Orient.

UFFICIO DI PRESIDENZA DEL CONGRESSO

Présidents d'honneur: on. J. A. BALFOUR, L. BOURGEOIS, J. E. DRUMMOND, H. van KARNEBEACK, W. KOO, L. LUZZATTI, G. von MAYR, A. THOMAS - Presidente generale d'onore: S. E. PAOLO BOSELLI - Sezione I[a]: presidente: S. E prof. M. DE TAUBE, dell'Univ di Pietrogrado; vice-presidenti: BRIANTCHANINOFF, CATELLANI, DUSI, FRANGULIS, KERGALL, REYES, J. TIEDJE - Sezione II[a]: presidente: prof. G. BLONDEL, del Collegio di Francia: vice-presidenti: BARRIOL, sir L. HARE, on. GIRETTI, barone de LIÉGEARD, prof. NEDELJKOVIC, prof. RATHGEN, prof. TOTOMIANZ, S. E. VARANDIAN - Sezione III[a]: presidente: S. E. generale LUIGI SEGATO; vice-presidenti: colonnello DE ALBERTIS, onorevole DEVECCHI, avv. BARDANZELLU, on. MARCONCINI, dottor VELLA - Sezione IV[a]: presidente: on. deputato COTTAFAVI: vice-presidenti: dottor M. BRAHM, prof. LUKAS, prof. DE MADAY, ingegnere G. TOJA - Sezione V[a]: presidente: senatore prof. PIO FOÀ; vice-presidenti: signora BERSOCCO FAVA PARVIS, prof. KINGSBURY, signora L. OCCELLA, signora dr. ADELE SCHREIBER deputata al Reichstag, professore TÖNDURY, prof. MOASHLIHEDDINE ADIL, professore ZUCCARELLI.

Réception à la Chambre de Commerce

La Chambre de Commerce de Turin voulut honorer les Membres du Congrès par une réception magnifique, le soir du lundi 10 octobre.

Le Gr. Uff. Ferdinando Bocca, Président de la Chambre de Commerce, témoigna de ses sentiments en ces termes:

Signore e Signori,

Da molti, da troppi anni non era più consentito a questa nostra Camera, che pur per lunga consuetudine era luogo prescelto a simili riunioni, di poter nelle sue sale ospitare un congresso internazionale.

I cinque anni di guerra che pesarono sul mondo intero come una interminabile notte procellosa e quelli ancora agitatissimi che seguirono immediatamente alla cessazione delle ostilità avevano lasciato un solco così profondo nei rapporti non solo politici ed economici ma anche in quelli intellettuali fra i vari popoli da farci accogliere con un senso quasi di sorpresa la notizia della convocazione di questo Congresso e della pronta adesione ad esso data dai più eminenti cultori degli studi sociologici d'Europa e d'America. Questo basti per dirvi tutta la sincera soddisfazione nostra nel potervi salutare qui stasera dopo le prime vostre laboriose sedute e vada pertanto a voi o illustri congressisti, vada alle autorità cittadine tutte qui rappresentate, che col loro consenso cotanto giovarono alla buona riuscita del convegno; vada al Comitato promotore di esso ed in particolar modo al suo illustre Segretario generale, che ne fu la forza animatrice, il saluto più cordiale dell'Ente che ha l'onore di ospitarvi.

I chiarissimi uomini, che nella seduta inaugurale di ieri illustrarono col programma, che voi vi proponete di svolgere in questi giorni, le finalità nobilissime, alle quali voi vi ispiraste nel compilarlo, misero in particolare evidenza la parte più umana che da esso si esprime, e cioè la necessità di procedere in una rinnovata solidarietà di pensiero e di opere fra i vari popoli allo studio e, se fosse possibile, alla soluzione, dei formidabili problemi economici politici e sociali, che la guerra ci lasciò in doloroso retaggio.

Voi, assumendo una tale iniziativa, avete implicitamente fatto vostra la pregiudiziale che l'opera di ricostruzione, cui le varie nazioni devono ore attendere, non può più affrontarsi per la stessa sua vastità con speranza di giungere ad una conveniente soluzione, da nessuna di esse singolarmente; ma deve essere il frutto di intese collettive di larghissima portata. — Una tale affermazione non può adagiarsi che sul presupposto di una pacificazione vera e profonda degli animi così accesi fino a ieri nella impresa guerresca, così turbati ancora oggi dallo scatenarsi di tanti egoismi nei negoziati della pace.

Vogliate consentirmi in nome appunto delle classi produttrici, che qui ho l'onore di rappresentare, di quelle classi che solo in una atmosfera di pace assoluta possono ripromettersi di svolgere la loro funzione, pel maggior benessere loro e di tutta l'umanità, che io renda speciale omaggio a questa elevatissima concezione fondamentale, su cui poggieranno tutte le vostre discussioni.

Ma ben altre ragioni di consenso sentiamo ancora ridestarsi in noi alla lettura del vostro programma poichè esso, allontanandosi da quei temi ideologici puri sui quali fino a qualche anno addietro era lecito discettare fra cultori di discipline sociali, volle in questa ora storica eccezionale, in cui tutti i fattori elementari più noti dei fenomeni sociali paiono aver perduta la loro diretta ed immediata efficienza sui fenomeni stessi, volle tenersi aderente alla vita ed alla realtà, presentando in una elencazione quasi lapidaria, all'esame ed alle discussioni dei congressisti, le questioni più assillanti che in questo travagliato periodo turbano così profondamente la vita dei popoli.

L'antica e bonaria massima del *primum vivere, deinde philosophari* viene pertanto ancora una volta e per opera appunto di uomini, che a discipline confinanti con la filosofia sogliono spesso attendere, ad avere la sua consacrazione.

Troppo spesso si è dovuto constatare nella pratica il dissidio fra i cultori della scienza economica e sociologica pura e le classi che più direttamente dovrebbero avvalersi dei risultati dei loro studi — intendo dire le classi industriali e commerciali. — Se da una parte tali condizioni di cose va attribuita alla scarsa volontà in questi ultimi di staccarsi dall'esame del fatto contingente per assurgere alle vaste sintesi dei vari fenomeni concomitanti e per giungere così gradatamente alla conoscenza delle loro vere cause, d'altra parte bisogna pur ammettere nei primi una eccessiva tendenza ad astrarre dalle realtà, sia pur notevoli, che la vita giornalmente matura, preferendo alla considerazione profonda e spassionata di esse, la fatica talvolta improba di costringerle nelle strettoie della propria fede scientifica. — L'aver voi chiamato a partecipare alle discussioni vostre anche i rappresentanti delle classi produttrici, dimostra l'intenzione vostra precisa di aver ragione di questo possibile dissidio, sempre pregiudizievole al raggiungimento di serii risultati; per la qual cosa non posso che manifestarvi tutto il nostro grato animo.

Il vostro Congresso nel prescegliere a sede delle sue riunioni questa città, dove tanto incremento e tanto onore gli studi sociologici ricevettero e ricevono per opera del suo antico Ateneo, e dove parallelamente alle sue officine si svolge tanto fervore di opere costruttrici, si avvicinò senza volerlo forse materialmente a quella attività per virtù delle quali soltanto potrà restaurarsi l'immenso patrimonio di beni che la guerra distrusse. Pensiero ed azione, studio e lavoro, dottrina e pratica tenacemente fra loro cooperanti ed intesi dovranno pur comp ere la fatica immane di superare il baratro che sotto di noi si aperse e che oggi dobbiamo risalire per rivedere la luce di una vita novella per riacquistare la fede in essa e la gioia di viverla.

Un pensatore francese nella visione non certo catastrofica di alcuni fra i più gravi rivolgimenti politici e sociali ha scritto: *Le fond de l'abîme a cela de bon, qu'il nous aide à remonter* ». Se così fosse, se côme per manifesti segni appare, questo fondo ormai quasi tutti i popoli lo hanno raggiunto, apriamo l'animo alla speranza di una prossima risalita sia pur faticosa ma nella quale ogni passo fatto, anche piccolo, sia una conquista sicura se non di reale benessere, di minor pena.

Ogni contributo a tale finalità va salutato con letizia e gratitudine dagli uomini di buona volontà e perchè negli argomenti che voi imprendeste a trattare tanta copia di pensiero si include mirante al sollievo di questa umanità ancora così smarrita e contristata non vi torni discaro l'augurio che noi pure di qua formiamo per il più felice esito del vostro Congresso perchè da esso sfavilli, sia pure nella tenue forma di una dichiarazione o di un voto, un qualche raggio di luce che ci aiuti ad orientarci verso una meta sicura che ci illumini la via verso un avvenire migliore (applaudissements très vifs).

Le prof. Cosentini prit ensuit le parole pour exprimer la reconnaissance la plus vive de l'Institut de Sociologie envers la Chambre du Commerce, à laquelle, pour sa large hospitalité toujours prête, dans ses splendides salons et sa contribution précieuse pour le Congrès, l'Institut doit beaucoup de son succès.

Parlèrent ensuite M. le prof. de Halecki qui suit en évidence les nobles idéalités du Congrès au-dessus des rivalités des races et des nations: M. Briantchaninoff pour la I Section du Congrès, M. le prof. Blondel pour la II, M. le prof. A. de Maday pour la IV, Madame D.r Adèle Schreiber, députée au Reichstag pour la V, en exprimant leurs remerciements à la Chambre de Commerce et leur admiration pour l'organisation admirable du Congrès.

Tous les orateurs furent vivement applaudis.

LES PROBLÈMES POLITICO-SOCIAUX DE L'APRÈS-GUERRE

Voeux adoptés par le Congrès

SECTION I :

1. — Réformes à apporter au Pacte de la « Société des Nations » pour en faire un organisme viable.

1.

1. - Afin de donner plus de cohésion aux organismes qui constituent la Société des Nations et afin d'éviter tout dualisme dangereux entre le Conseil et l'Assemblée, il est opportun que Conseil et Assemblée soient, comme dans un régime constitutionnel, dans les mêmes rapports que le Pouvoir exécutif - Gouvernement - et le Pouvoir législatif - Parlement - c'est-à-dire que le Conseil soit une émanation de l'Assemblée qui en doit ratifier les délibérations et en élire les Membres.

2. - Afin de conférer plus d'autorité et d'universalité à la Société des Nations il faudra qu'au plus tôt tous les Etats souverains qui en fassent demande soient admis dans la nouvelle organisation internationale, par decision de la Cour permanente de Justice Internationale dont le Statut doit être complété à cet effet.

3. - Afin de donner plus de prestige. et de stabilité aux membres du Conseil et de l'Assemblée il est à souhaiter qu'ils soient choisis non par les Gouvernements, mais par les Corps législatifs et pour une période fixe d'au moins trois années, sauf révocation par une nouvelle législature.

2.

Le Congrès estime que le Pacte de Versailles ne répond pas à l'idée de la Société des Nations :

1. parce qu' il attribue un privilège aux Puissances Principales au détriment du principe de l'égalité en droit de tous les Etats souverains.
2. Parce qu' il légalise le droit de recours à la guerre.

Pour pacificier le monde, il faut que la confraternité des peuples, égaux en droit, ait une charte internationale des droits et devoirs des peuples, les uns envers les autres ; il faut que l'autorité morale des institutions de la confraternité soit tellement évidente aux yeux de l'opinion publique mondiale, que les représentations nationales consentent à leur verser les fonds nécessaires afin qu'elles puissent créer une force internationale suffisante pour assurer la défense effective du droit international. Le Congrès invite les esprits éclairés et avertis du danger imminent d'une seconde guerre générale - et de l'écroulement de la civilisation mondiale qui s'ensuivra, - ainsi que les Représentations nationales, conscientes de leur responsabilité internationale, d'élaborer immédiatement une « Charte d'union » régissant les droits et les devoirs de tous les peuples.

2. La protection des minorités nationales allogènes.

Les garanties du libre développement intellectuel et scolaire, des libertés politiques et religieuses des minorités nationales allogènes qui ont la conscience de leur tradition et de leur individualité ethnique ou intellectuelle doivent être effectivement assurées par la Société des Nations.

En cas de différends, les minorités nationales allogènes doivent obtenir le droit de recours direct à la Cour permanente de Justice dont le Statut doit y être approprié.

Les organes de la Société des Nations doivent dénoncer à l'opinion publique les injustices comises envers des minorités.

3. — Le réglement du mandat colonial.

1.

Considérant qu'il est nécessaire de reconnaître à l'institut du mandat colonial un caractère provisoire sous le contrôle direct de la Société des Nations il faudra :

1) que toutes les Nations capables d'un rôle colonisateur puissent participer à cette oeuvre de civilisation.

2) Que la Nation mandataire n'ait aucun droit de monopole sur les matières premières exploitées dans la colonie.

3) Instituer la révision périodique des mandats coloniaux.

4) Que les colonies qui ont donné des preuves objectives de maturité politique et sociale puissent obtenir l'autonomie et participer directement, avec leurs délégués, à la Société des Nations.

2.

Ayant pris acte de l'appel lancé par le Congrès Pan-Noir de Bruxelles et de Paris,

Emet le voeu :

que soit reconnue l'égalité de tous les hommes civilisés quelles que soient leur race et leur couleur ;

que soit donné suite aux revendications auxquelles les indigènes ont droit et qui se concrètent dans l'opposition à toute politique qui n'ait pas les égards nécessaires, sincères, et effectifs au bien-être des populations africaines, au respect de leurs religions et institutions en tant qu'elles s'accordent avec les principes de la civilisation humanitaire à leur élévation progressive vers la civilisation et l'indépendance politique ;

que l'on apporte les modifications administratives pour obtenir une meilleure considération des droits des natifs, en ce qui concerne la possession de la terre et de la jouissance des produits du travail ainsi que l'égalité de traitement avec l' européen dans le domaine du travail ;

que l'on organise ches ces indigènes l' enseignement moral et professionnel et que l'on développe les oeuvres d'assistance et de prévoyance sociale ;

que l'on pourvoie à la constitution auprès de la Société des Nations d'un Institut International chargé d' étudier touts les problèmes inhérents à l'évolution et à la protections des peuples retardataires et d'une section du Bureau International du travail, chargé plus spécialment de la défense et de la protection des travailleurs indigènes.

4. — La coordination du droit privé international.

1.

Afin que chaque citoyen puisse jouir à l' étranger des mêmes droits civiques que dans sa patrie et que les barrières artificielles des legislations nationales n'empêchent pas cette communion de droits et d' intérêts indispensables à la solidarité internationale ;

Il faudra que, tant dans le domaine des lois du statut personnel de l'individu, que dans celui du droit civil et commercial, en général, et surtout en matière de législation sociale, la Société des Nations prenne l'initiative de suggérer des conventions internationales en vue d'atténuer les oppositions existant entre elles, suivant des règles reposant sur les mêmes principes.

2.

En attendant la conclusion de tels accords et afin d'en faciliter la réalisation, le Congrès émet le voeu :

1. de voir les magistrats de tous les pays civilisés s'inspirer, dans leur jurisprudence, de la liberté de l'individu et du respect de son statut personnel, autant qu' ils ne violent l'ordre public, pour résoudre les dits conflits ;

2. de les voir consacrer par leur jurisprudence le respect de toutes les conventions civiles et commerciales, valablement conclues entre particuliers, indépendamment de la nationalité des contractants et du lieu où elles furent conclues, à moins qu' elles ne violent l'ordre public du pays de l'exécution.

5. — Motion sur le « *Bolschévisme* ».

Considérant :

1. - que les suffrances indescriptibles du peuple russe ont acquis le caractère d'un désastre mondial ;

2. - que les responsabilités mondiales pour la catastrophe russe ne sont pas suffisamment ressenties par l'opinion pubblique grâce à la fausse théorie que chaque peuple a le gouvernement qu'il mérite et qu'il n'a qu'à se debrouiller lui même de ses difficultés interieures ;

3. - qu'au contraire, en vertu du principe de la solidarité obligatoire de tous les gouvernements civilisés il y a un devòir pour chaque peuple et gouvernement d'aider un affaibli de volonté et malheureux à reconstruire une structure sociale adéquate ;

le Congrès proclame que le problème russe est devenu un problème de solidarité universelle ; que le bolchévisme en tant que système de gouvernement constitue une plaie honteuse et intolérable sur le corps social de l'humanité, qu' il y a un devoir impérieux pour tous les peuples et tous les gouvernements à faire leur possible pour solutionner au plus vite le problème russe en accord avec les principes de la civilisation humanitaire, protégeant l'homme en tant que cellule libre du corp social contre toute tyrannie d'où qu'elle vienne.

Le Congrès condamne toute méthode de gouvernement basée sur la terreur et la force brutale comme menace à la civilisation entière et obstacle à l'évolution pacifique de la Société.

SECTION II :

1. — L'organisation du commerce international et la politique douanière.

1. - Le Congrès Sociologique International,

considérant que la coopération économique internationale est la condition essentielle de la reconstruction de l'Europe ;

mais reconnaissant en même temps l'opportunité de mesures transitoires pour ménager l'acheminement progressif à une plus large liberté des échanges ;

considérant au surplus comme fatales au rétablissement de la coopération économique internationale les tendances ultra-protectionistes qui prévalent en ce moment dans la plupart des Etats anciens et nouveaux, tendances qui se manifestent, non seulement par l'élévation des barrières douanières très élevées qui sont en contradiction avec le besoin général de développer les échanges des produits et des marchandises, mais encore par l'arbitraire des Gouvernements et le maintien en temps de paix des entraves administratives qui pouvaient seulement être justifiées par l'état de guerre ;

émet le voeu que tous ceux qui ne sauraient être indifférents à une situation qui s'aggrave de plus en plus et menace la civilisation européenne, s'organisent dans les différents pays afin d'éclairer, par un mouvement coordonné de propagande internationale, l'opinion publique sur les conséquences inévitables et à courte échéance des aberrations de la politique d'isolement économique.

2. - Le Congrès Sociologique international,

considérant qu'il entre dans les fonctions et qu'il est du devoir de la Société des Nations de chercher à atténuer, si non à éliminer les causes de malentendus et de rivalités entre les différents Etats ;

Considérant que parmi les plus graves et les plus dangereuses de ces causes figurent les nouvelles tendances ultra-protectionnistes, qui s'affirment presque partout ;

émet le voeu que la Société des Nations prenne l'initiative d'une Enquête internationale chargée :

a) d' étudier le développement et les effets des nouveaux régimes protectionistes dans le monde, en rapport avec l'oeuvre de reconstruction mondiale, d' étudier plus particulièrement les législations restrictives des importations édictées par les pays à monnaie dépréciée, qui ralentissent la reprise d'une vie normale dans les pays ayant le plus souffert de la guerre :

b) de réunir et d'élaborer le matériel nécessaire pour une Conférence entre les Etats adhérents dans le but d'éliminer par des accords internationaux au moins les formes les plus anti-économiques de ces législations.

2. — Le problème des changes.

Le congrès

Considérant que la question des changes a une importance capitale pour la reprise de la vie commerciale internationale.

Considérant d'autre part que dans les circonstances économiques actuelles, la plupart des pays ne peuvent songer à abolir le cours forcé des billets.

En souhaitant une réglementation provisoire du cours des changes.

émet le voeu :

1. - que des accords soient conclus sous l'égide de la Société des nations en vue d'assurer une organisation du crédit international facilitant les échanges entre les divers pays.

2. - que la commission étudie les moyens pratiques de stabilisation des changes en se préoccupant du pouvoir d'achat des monnaies dans les divers pays et en étudiant la question de la création d'une valeur internationale.

3. - et attire l'attention de la conférence financière de Londres (décembre 1921) sur la nécessité de mettre à l'étude immédiate le problème de l'inflation du papier-monnaie, moyen artificiel pour aboutir à des fins politiques.

Le congrès pour sa part charge une commission spéciale de préparer pour le prochain congrès un rapport motivé sur la solution des difficultés économiques et financières en se basant sur le principe de l'internationalisation de la monnaie et du crédit.

4. - qu'on donne à la commision de 7 membres qu'on va nommer dans la séance de clôture (conformément à l'art. 18 du réglement du Congrès) le mandat spécial d'étudier la relation du prof. Longhi en considération de son importance particulière et de présenter un rapport à ce sujet au prochain congrès.

5. - propose de soutenir, de son autorité, tous les efforts de ses membres, qui dans les différents pays voudraient travailler à éclairer l'opinion publique sur l'état des finances d'Etat, pour collaborer de cette façon à l'arrengement de la crise de change.

3. — La reconstruction des terres dévastées et la solidarité internationale.

1) Considérant que la reconstruction des pays dévastées par la guerre est une oeuvre urgente, d'un caractère international, qui doit être effectuée par des moyens internationaux propres à coordonner les efforts des pays qui ont été éprouvés.

considérant que cette oeuvre peut servir non seulement à attenuer la crise du travail et à développer les moyens de production, mais a faire fructifier les germes de la solidarité, même dans le régions qui conservent des pensées de haine,

le Congrès souhaite la constitution d'une *Fédération internationale pour la reconstruction des terres dévastées,* sous les auspices de la Société des Nations.

2) Considérant que l'Arménie a perdu plus de la moitié de sa population masculine, en même temps que la plus grande partie des villes et des villages ont presque disparu.

Considérant que des centaines de milliers d'Arméniens qui se sont réfugiés dans diverses contrées sont actuellement decimés par la faim et les épidémies,

Emet le voeu

que le Conseil des Nations s'occupe de hâter la reconstruction de l'Arménie encore occupée par les Turcs. et de créer une commission internationale chargée de faire des enquête dans les pays dévastés pour faciliter leur régénération.

SECTION III :

1. — L'organisation militaire nouvelle et la nation armée.

A. Le Congrès reconnaît que tous les projets de désarmement ou delimitation des budgets militaires ne peuvent aboutir à des résultats pratiques, en raison de

1. - l'impossibilité d'établir une mesure de comparaison entre les moyens de défense des différents peuples ;

2. - l'impossibilité de garantir par cette voie la défense des faibles contre les forts ;

le Congrès considère que la seule voie pratique à suivre pour garantir l'humanité contre les guerres est l'étude immédiate et approfondie de la création d'une force armée internationale au service des institutions juridiques de la confraternité des peuples.

B. Toutefois, considérant les nécessités transitoires du moment actuel : considérant que pour poursuivre le but du désarmement il est nécessaire avant tout de préparer un milieu favorable à ce projet par des réformes dans l'organisation intérieure de l'armée de chaque Etat, le Congrès formule les voeux suivants :

1. - Réduire la ferme à moins d'une année ;
2. - Réduire les effectifs en raison de la population et des nécessités de la défense ;
3. - Perfectionner le système d'éducation prémilitaire de la jeunesse en valorisant toutes les institutions civiques qui peuvent favoriser l'organisation militaire de la Nation ;
4. - Etendre ces principes et ces limitations même à l'armée navale qui aboutit aux mêmes conséquences désastreuses que les armements terrestres.

2. — Législation sur les pensions et sur les orphelins de guerre.

Le Congrès entendu le rapport du prof. Groppali sur la législation des pensions et orphelins de guerre (1) en approuve les conclusions et formule le voeu que la solution de ce problème, inspirée aux principes les plus libéraux, constitue un engagement d' honneur pour toutes les Nations belligérantes.

SECTION IV :

1. — La législation internationale du travail et les nouveaux rapports entre le capital et le travail.

1. - La Charte internationale du Travail (Partie XIII du Traité de Versailles) inaugure une ère nouvelle dans les rapports entre le capital et le travail en créant la première ébauche d' un parlement international du travail et en garantissant, par la commune volonté des nations du monde, le droit international ouvrier.

2. - La Conférence Internationale du Travail et le Bureau International du Travail créés par la Société des Nations demeureront impuissants, s'ils ne trouvent pas dans le monde entier l'appui nécessaire auprès de l'opinion publique. Il est donc à souhaiter que les partisans de la paix et de la justice sociales soutiennent dans tous les pays les efforts de l'Organisation permanente du Travail dans le but d'assurer à tous les salariés, qu'ils soient occupés dans l' industrie, dans le commerce ou dans l'agriculture, des conditions de travail équitables et humaines.

2. — Etude scientifique des questions du travail.

Le Congrès trouve necessaire que la science collabore à la préparation de la législation internationale du travail en établissant parmi les disciplines économiques et politiques une science spéciale du travail, qui réunira d'une manière systématique les connaissances scientifiques concernant le travail et les travailleurs.

3. — Amendements à la Charte Internationale du Travail (Partie XIII du Traité de Paix).

Considérant que l' utilité de l' Organisation permanente du Travail créée par la Société des Nations n'est plus contestée aujourd'hui ;

Considérant d'autre part qu' il importe, pour obtenir de cette organisation le *maximum* d'effets utiles, de la perfectionner et d' harmoniser son action, tant avec celle de la Société

(1) Parmi les voeux formulés dans le Rapport (Voir Bulletin N. 5). nous rappelons : 1. un traitement de faveur pour les grands invalides, s'inspirant au critérium de l'incapacité au travail complété par celui du degré hiérarchique : élimination de toute disproportion de traitement ; capitalisation des pensions de guerre : application des principes qui règlent la législation sur les accidents du travail ; accélération et semplification de la procédure ; institution d'une juridiction spéciale ; 2. coordination de l'oeuvre des Comités nationaux et provinciaux d'assistance et protection pour les orphelins de guerre, en confiant le rôle d'assistance aux éléments les plus actifs, doués d'esprit d'initiative et surtout aux femmes.

des Nations elle-même et aussi avec les aspirations de chacune des Puissances adhérentes, ce qui permettra de mieux répondre aux exigence légitimes de la justice sociale et de la paix universelle.

Le Congrès émet le voeu

1) Que l'art. 389 (III) du Traité de Paix (Charte internationale du Travail) soit modifié de façon qu'il y ait le même nombre de délégués des gouvernements, des employeurs et des travailleurs ;

2) que l'art. 293 (VII) soit modifié dans le but de donner une représentation aux minorités des trois groupements ;

3) que l'art. 402 (XVI) soit modifié en ce sens que la simple majorité du suffrages soit substituée aux deux-tiers exigés jusqu'ici par la Charte ;

4) que l'art. 405 (XIX) soit modifié en ce sens que les dérogations aux projets de convention d'une application générale, en vue des circostances particulières de certains Pays soient concédées après examen des rapports officiels des Gouvernements, de ceux des Confédérations des employeurs et de ceux des Travailleurs de ce Pays ; cet examen sera fait par une Commission permanente ;

5) que l'art. 422 (XXXVI) soit modifié en ce sens que les amendements à la partie du Traité de Paix qui regarde l'Organisation Permanente du Travail adoptés par la Conférence à la simple majorité des suffrages soient également exécutoires.

4. — Assurances sociales. — Emigration.

1.

Le Congrès,

Considérant que la généralisation des assurances sociales (maladie, accidents, vieillesse, invalidité, chômage, ecc.) peut contribuer très utilement à préparer l'avènement d'une politique sociale internationale, *s'associe* aux decisions qui viennent d'être prises au mois d'Août à Genève par la Commission permanente internationale de l'Emigration :

approuve la décision suivant laquelle le B. I. T. est prié de préparer une étude qui sera soumise à una prochaine conférence pour réaliser dans la mesure du possible, et en tenant compte des conditions particulières des divers Pays, un système de législation uniforme entre tous les Etats ou entre certains groupements d'Etats pour ce qui a trait aux assurances sociales ;

souhaite que par le moyen de convention int.le à défaut des mesures legislatives prises dans chaque Pays, les Etats réalisent dans la plus large mesure possible l'égalité de traitement des ouvriers immigrés et de leurs ayant droit, avec les nationaux ;

émet le voeu que dans la politique interieure de chaque Etat on respecte le principe inscrit à l'art. 405 (XIX) de la Charte du Travail, suivant lequel on ne doit diminuer en aucun cas la protection déja accordée par la législation nationale aux travailleurs.

2.

Le Congrès,

attendu que les Nations qui ont une forte émigration sont le plus souvent dépourvues de colonies capables de l'absorber ;

attendu qu'une réglementation internationale de l'émigration pourrait avoir une grande utilité pour combattre le chômage et mettre en valeur les ressources naturelles du Globe,

attendu que l'émigration, et particulièrement l'émigration forcée par les ravages de la guerre favorisent la traite des blanches, et d'autres causes de démoralisation sociale,

émet le voeu que par le développement de l'idée de solidarité internationale, les courants d'émigration des Pays relativement surpeuplées et pouvant être mises plus efficacement en valeur ne soient plus entravées ;

que l'organisation internationale de la protection des jeunes filles et des femmes, exercée par le Gouvernement directement ou par les associations privées, sous l'égide de la S. d. N., soit encouragée et soutenue par tous les Pays, aussi dans l'intérêt des Pays qui ne sont pas représentés dans la Société des Nations.

3.

Le Congrès,

en affirmant la compétence de l'Organisation Internationale du Travail par le Traité de Paix, en matière agricole,

émet le voeu

qu'il soit donné dans cette Organisation Internationale du Travail agricole la même place qu'au travail industriel, sous la réserve que la réglementation de la durée de la journée du Travail dans l'agriculture se fasse tenant compte des conditions particulières dans lesquelles s'effectuent les travaux de la campagne.

4.

Le Congrès émet le voeu,

a) de l'institution, par les Nations, d'Attachés du Travail ou d'Attachés spéciaux auprès des Ambassades et de l'établissement des Consulats du Travail dans les plus grands centres d'immigration ;

b) de l'institution d'un Corps d'Inspecteurs internationaux du Travail ;

c) de la liberté de la propagande et de l'organisation syndicale dans tous les Pays dans le but de donner au monde des travailleurs et aussi des employeurs (conformément au chiffre 2 de l'art. 427 (XLI) de la Charte du T.) le sens d'un droit syndical (1) qu'on ne doit pas restreindre dans son application.

SECTION V:

1. — Le rôle de la femme dans la solution des problèmes économico-sociaux de l'après-guerre.

Le Congrès, considérant que le problème féminin est un problème humain et non pas seulement de sexe, affirme le devoir de l'intervention féminine dans tous les domaines de l'activité sociale.

En conséquence :

1. - Les lois actuelles doivent être modifiées dans le sens de donner à la femme les mêmes droits publics et privés qu'à l'homme ;

2. - Les programmes d'éducation et d'instruction, même professionnelle, doivent être établis dans le sens qui permette la meilleure réalisation des devoirs sociaux de la femme ;

3. - Le Congrès estime que la collaboration des femmes sera surtout utile et à encourager par tous les moyens dans le domaine de la prévoyance sociale et de l'organisation rationnelle de la consommation et de la distribution. Constatant que cette dernière prend de jour en jour une importance plus grande pour la vie économique des Nations, il émet le voeu que dans l'enseignement féminin l'on attache par un enseignement approprié de l'économie politique plus d'importance aux rapports intimes qui existent entre l'économie privée et l'économie politique. Il engage de même les autorités scolaires de tous les pays à favoriser dans la mesure du possible la préparation professionelle des femmes aux carrières sociales.

2. — L'organisation des rapports de culture internationaux.

1) Le Congrès applaudit à l'oeuvre de l'Université internationale de Bruxelles et souhaite que la participation des savants et publicistes de toutes les nations à cette grande entreprise puisse contribuer à raffermir les liens de solidarité internationale.

2) Le Congrès souhaite que toutes les Universités, tous les grands Instituts de culture haute et moyenne puissent inviter des professeurs étrangers à y donner des cours de conférences et de leçons de sorte que les grands courants de la pensée artistique, littéraire et scientifique se mêlent et constituent les bases d'une culture internationale qui ne détruise pas, mais harmonise les courants nationaux de la pensée.

---

(1) Pendant la discussion fut émis le voeu, eu regard au Statut des Fonctionnaires, que le droit syndical international ne puisse entamer les restrictions prévues par les Statuts des Fonctionnaires de l'Etat dans les divers Pays.

3) Que même dans les écoles primaires, on donne une instruction et une éducation qui s'inspirent aux principes de la justice et de la solidarité internationale.

4) Qu'un grand organe politique international puisse être organisé sous les auspices de la Société des Nations. Le nouvel organe devrait être prêt à entendre les voix de chaque nation, rechercher ses collaborateurs parmi les savants et publicistes de tous les pays et jouer un rôle pacificateur dans les conflits politiques et économiques internationaux.

Le Congrès conclut à la création en dépendance de la Société des Nations et à son siège :

1. - d'un Bureau International du Travail intellectuel chargé des questions relatives au travail intellectuel dans toutes ses manifestations, et institué de même que le Bureau international du Travail déjà existant, en section autonome d'un vaste Bureau International du Travail ;

2. - d'un Bureau International de l'Education.

Le Congrès émet le voeu que les divers Etats établissent entre eux des ententes relatives à l'équivalence des diplômes universitaires ; ce, indépendamment de la question de l'exercice de la profession.

3. L'eugénisme et la défense sociale contre les maladies de guerre ou accentuées par la guerre.

1.

Le Congrès considérant que l'eugénisme peut être développé aux deux points de vue :

1. - de la lutte contre les anomalies, les tendances anti-sociales et les dégénérescences ;

2. - de l'amélioration de l'espèce, formule le voeu :

a) de la coordination internationale des efforts de toutes les associations qui au sein de chaque Etat ont engagé la lutte contre les maladies sociales ;

b) de mesures internationales pour l'élévation de l'espèce par une saine puériculture et par une saine éducation physique et morale.

2.

Le Congrès Sociologique considérant l'urgence de la défence des peuples contre les intoxications sociales qui, en raison de leurs graves conséquences physiques psyco-morales, spirituelles, économico-sociales accroissent démesurément la douleur et l'iniquité parmi les hommes en s'opposant à l'ascension humaine féconde et pacifique ;

1. - Confie à une Commission chargée de référer au prochain Congrès Sociologique International l'étude et l'exposition pratique d'un programme actif de lutte internationale contre les intoxications sociales, particulièrement celle provoquées par l'alcoolisme et les stupéfiants, notamment l'opium, la morphine, la cocaïne et le tabac.

2. - Fait voeu que, sous l'égide de la Société des Nations, il soit procédé partout à la transformation des cultures et des industries nuisibles en cultures et en industries utiles à l'homme.

3.

Le Congrès formule le voeu et recommande que par une législation opportune et par oeuvre et à charge des Entités publiques, on prépare et organise dans toutes les Nations civilisées une puériculture rationnelle qui protège tout enfant à commencer de la vie intra-utérine.

Le Congrès en affirmant l'obligation internationale de sauver partout l'enfance invoque dans ce but l'activité coordinatrice internationale en tenant dûment compte des institutions déjà existantes.

Voeu final.

Les participants au premier Congrès sociologique international d'après-guerre présents à Turin le 15 Octobre 1921 à la dernière séance plénière :

Satisfaits du travail accompli en si peu de jours, et attendant que les solutions adoptées et les voeux émis soient le plus tôt possible portés sur le terrain pratique ;

Félicitant l'Institut de Sociologie de Turin d'avoir si bien su organiser ce Congrès qui a abouti à des résultats vraiment utiles pour tous ;

Convaincu que si les résolutions prises étaient propagées dans le monde par une bonne organisation et publiées rapidement dans les journaux nationaux et internationaux, qui, relativement à chaque question, donneraient leurs avis sur les moyens locaux les plus propres à la réalisation de ces questions.

Convaincus également que si ceux qui font ces pubblications diverses se faisaient un devoir d'envoyer au Siège de l'Institut de Sociologie copie de leurs opinions, le résultat pratique à atteindre d'elles serait décuplé ;

Convaincus encore de l'urgence des problèmes pratiques étudiées et résumées dans les ordres du jour présentés, et qui à cause du manque de temps ont été remis par le Congrès à des Commissions spéciales ;

émet le voeu

1. - que ces Commissions présentent leurs conclusions au Nouveau Congrès, dans une délai fixé accord avec les auteurs des ordres du jour :

2. - que le Nouveau Congrès puisse effectivement constater que les Commissions nommées ont abouti à faire, de solutions préconisées et des voeux emis quelque chose de réel, de positif et de vraiment pratique.

Siège du Congrès pour 1922.

Le Congrès à accepté par acclamation la proposition de l'Institut de Sociologie de proclamer **Prague** siège du Congrès pour 1922.

M. le prof. Lukas, représentant le Ministère tchéco-slovaque de la Prévoyance sociale a remercié chaleureusement au nom de son pays.

Commission permanente pour la réalisation des voeux du Congrès.

La Commission élue par le Congrès se compose des membres suivants:

MM. Blondel - Briantchaninoff - Cosentini - De Maday - Sen. Foà - Lukas - Rathgen - Töndury.

Le banquet Social.

Les journaux de Turin rapportent:

« L'altra sera, dopo la chiusura del Congresso, nel ristorante Molinari della Stazione centrale, fu offerto dal Comitato esecutivo e dai Congressisti italiani ai rappresentanti della Società delle Nazioni ed ai Congressisti stranieri un lauto banchetto. Al levar delle mense iniziò la serie dei discorsi il senatore Pio Foà; in rappresentanza del Sindaco parlò l'assessore prof. Bettazzi, per l'Istituto di Sociologia il prof. Cosentini. Seguirono il prof. Halecki, la signora Occella, il prof. Lukas, il prof. Rathgen, l'on. Kergall, il prof. Corréard. Regnò tra i vari rappresentanti delle diverse nazioni la maggiore cordialità, e si esaltò la buona riuscita del Congresso, esprimendo il voto che tali manifestazioni scientifiche internazionali, opportunemente ripetendosi, possano cementare una maggiore fratellanza fra i popoli.

La conférence Schreiber.

Extrait des journaux de Turin:

« Una più alta manifestazione chiuse ieri i lavori del Congresso ».

« Nell'aula storica del Parlamento subalpino, la dott.a Adele Schreiber, deputata al Reichstag, tenne un'applaudita conferenza sul « Compito sociale della donna nel dopo guerra ». Una eletta accolta di cittadini, fra cui figuravano parecchi congressisti stranieri e molte notabilità cittadine della politica e della scienza era convenuta ad ascoltare la rappresentante del Parlamento Germanico. L'aspettativa non fu delusa. Presentata dal prof. Cosentini, che opportunamente salutò nell'oratrice il simbolo della nuova Germania democratica, che aveva conferito alla donna il diritto all'eleggibilità, che invano si sarebbe aspettato da una Germania imperialista e militarista, la dotta oratrice parlò con fluente e colorita eloquenza, prima in italiano, poi in francese, provocando spesso nutriti applausi. Dopo aver prospettato a larghi tratti la storia del movimento femminista e le direttive di esso, dimostrò che la ragion di essere della funzione legislativa della donna sta nell'intervento di essa nella sanzione di tutte le leggi che interessano la famiglia e la donna in tutti i campi della sua attività. Ricordando i dolori e gli orrori della guerra che hanno messo a dura prova il cuore di ogni madre, affermò che spetta specialmente alla donna intervenire nelle assemblee legislative per impedire che si ricada nell'abisso e si sospingano i popoli a nuove conflagrazioni, ora, essa dice, che per rimediare ad una ingiustizia se ne commettono delle nuove e più gravi, deve essa avversare tutte le sperequazioni sociali ed internazionali, deve essa farsi banditrice dei nuovi ideali di giustizia e di solidarietà per frenare tutti gli egoismi sociali ed internazionali. Rivolse il saluto alle donne italiane, a cui si rimprovera a torto il ritardo e l'immaturità dell'educazione politico-sociale, giacchè la donna italiana rimedia a questa insufficienza, non ad essa dovuta, in virtù della sua intelligenza svegliata e versatile, e le esorta a rispondere a coloro che ne negano l'utilità nel campo legislativo e le vorrebbero interamente devote al culto della casa e della famiglia, che è appunto per la casa e per la famiglia che esse debbono affrontare le lotte nel campo politico, per non essere più sommesse a istituti giuridici e sociali, che esse non hanno voluto e che non sono rispondenti alle nuove esigenze della famiglia e della società.

Un nutrito applauso coronò la chiusa della bella e dotta conferenza, ed i presenti, tra cui anche qualche congressista francese, si affollarono per esprimere all'oratrice le più vive felicitazioni. ».

www.ingramcontent.com/pod-product-compliance
Ingram Content Group UK Ltd.
Pitfield, Milton Keynes, MK11 3LW, UK
UKHW022154260726
13993UKWH00005B/2355